AF611123

VIES

DE

SAINT RIGOMER, PRÊTRE

ET DE

SAINTE TÉNESTINE, VIERGE

I

Au VIe siècle de l'ère chrétienne, sous le règne du roi Childebert, la vie ascétique fut partout mise en grand honneur, et la France, à la faveur de la protection et des munificences royales, se couvrit bientôt de monastères florissants. Notre pays du Maine fut surtout favorisé sous ce rapport, grâce aux efforts de saint Innocent qui occupait alors le siège de saint Julien. Ce pontife, par ses bontés, sut bientôt attirer auprès de lui une foule de moines et de solitaires qui de toutes les provinces venaient se ranger sous sa direction. Innocent donnait à chacun de ces intrépides soldats du Christ quelque lieu aride de son diocèse à défricher, ou quelque portion de son troupeau à conduire dans les voies du salut.

Ce fut ainsi que sous les auspices de notre saint Évêque, saint Calais, saint Ulphace, saint Fraimbault, saint Bomer, saint Léonard et tant d'autres portèrent, avec les lumières de la foi, celles de la civilisation dans les lieux autrefois incultes qui ont retenu leurs noms.

Ces fleurs de sainteté choisies par les soins de saint Innocent et transplantées dans le jardin de son diocèse devinrent la tige de ces générations de chrétiens dont la sève, grâce à Dieu, n'est pas encore tarie ; et ce fut assurément la gloire de son épiscopat qui est appelé à juste titre l'âge héroïque de notre histoire religieuse. Toutefois, ainsi que le remarque un de nos historiens (1), c'eût été aussi une honte pour notre province d'emprunter toute sa sainteté des étrangers, et de ne pouvoir trouver dans toute l'étendue de ses terres quelqu'un de ses habitants qui relevât sa gloire par l'héroïsme de ses actions et par l'éclat de ses miracles.

Saint Rigomer et sainte Ténestine sont venus nous garantir de ce reproche : tous deux nos compatriotes par leur naissance et par leur vie, ils ont montré que notre terre n'est pas si ingrate qu'elle ne cache dans son sein quelques germes de sainteté propres à donner en temps opportun les fruits les plus excellents (2).

II

Saint Rigomer (3) naquit vers le commencement du VIe siècle dans le pays de Saosnois, aux lieux mêmes où sa mémoire est en honneur. Il témoigna, dès sa plus tendre enfance un grand amour de la piété et de la science sacrée. Ses parents avaient dans la société un rang assez honorable. Voulant donner à leur fils une éducation qui répondît à ses inclinations, ils le confièrent à un saint prêtre nommé

(1) Corvaisier.

(2) La plupart des détails que nous avons sur saint Rigomer et sainte Ténestine sont dus à un moine anonyme du pays, qui, à la prière du clergé et du peuple, écrivit les actes de ces deux saints un siècle environ après leur mort, sous ce titre : *Vita S. Rigomeri confessoris et S. Tenestinæ virginis.* C'est un document des plus précieux de cette époque.

(3) Il ne faut pas confondre, comme on l'a fait quelquefois, saint Rigomer, nommé par certains auteurs Richomer, Rigoumer, Rigomier et même Richmir, avec un saint Richmir ou Rimé, originaire de la Touraine, qui, un siècle environ après notre compatriote, construisit un monastère sur les bords du Loir et fut ensuite chargé, par l'évêque Aiglebert, de diriger le monastère Saint-Aubin, près du Mans. (Voir à ce sujet l'abbé Lebœuf, *Dissertations sur l'histoire ecclésiastique de Paris*, tome 1).

Launillus ou Launildus, originaire de l'Auvergne. Sous la conduite du ministre de Jésus-Christ, Rigomer fit de rapides progrès dans l'étude des saintes lettres. Il ne se montra pas moins attentif à se perfectionner dans la science de l'oraison. On remarquait surtout sa profonde humilité et la vigilance qu'il apportait à ne blesser en rien les délicatesses de la modestie.

Ne voulant négliger aucun moyen de réussir dans sa noble ambition, le jeune disciple de Launillus ne se borna pas aux leçons de son maître. Il s'en allait souvent interroger tous ceux qu'il croyait capables de l'aider à pratiquer plus parfaitement les conseils évangéliques. Aussi, la grâce secondant de si heureuses dispositions, Rigomer s'éleva bientôt au faîte de la sainteté, et l'esprit de foi, qui ne cessa jamais de le guider, fit qu'il garda intact jusqu'à sa mort le trésor qu'il s'était acquis, sans déchoir un seul instant de sa première ferveur. Il paraît, du reste, qu'il se confirma de bonne heure en ses héroïques intentions par le vœu de passer toute sa vie dans les œuvres de la sainteté.

La conduite du jeune serviteur de Dieu parut un signe évident de sa vocation au sacerdoce. Le témoignage et les vœux des fidèles qu'il avait édifiés le signalèrent bientôt à saint Innocent qui l'appela au Mans, et, quand il eut atteint l'âge, lui conféra les ordres sacrés.

Rigomer devenu prêtre montra une aptitude remarquable pour la prédication. Saint Innocent ne voulut pas laisser inutile pour le bien de son troupeau un talent si bien soutenu par la sainteté de celui qui l'exerçait. Les populations qui habitaient les limites du diocèse, sans doute à cause de leur éloignement du siège épiscopal, étaient restées dans l'ignorance la plus grossière et dans une corruption de mœurs qui désolait le cœur du vénérable Pontife. Rigomer fut chargé de porter remède à ces maux et d'annoncer la parole de Dieu dans le pays même qui avait été témoin des vertus de son jeune âge.

III

Au fond d'une étroite vallée perdue dans les hauteurs de la forêt de Perseigne se cache une humble mais antique église encore entourée de son cimetière. Autour du cimetière sont rangés sans aucune symétrie une quinzaine d'habitations de fort modeste apparence. Près de l'église coule une fontaine à laquelle vient puiser tout le village. Derrière les habitations s'étendent quelques petites prairies et un peu de terre en culture. Tout ce tableau est encadré par les majestueuses futaies qui se dressant tout autour sur les sommets à quelques pas seulement du bourg lui forment comme une couronne et donnent au paysage je ne sais quoi de mystérieux.

Tel est aujourd'hui le village de Saint-Rigomer-des-Bois ; tel à peu près il devait être déjà lorsque saint Rigomer l'illustra par ses vertus.

On dit que 70 ans avant Jésus-Christ une fraction des légions de César s'étant réfugiée dans la forêt de Perseigne, édifia en ce lieu un temple à Vénus pour obtenir de cette déesse la multiplication de la petite peuplade (1). Les mœurs du pays ne pouvaient manquer de ressentir bien longtemps les tristes conséquences de ce culte infâme. Au temps de saint Rigomer, les vérités chrétiennes avaient déjà répandu leur salutaire influence dans ces pays retirés, comme le prouve l'éducation même de notre saint ; mais le paganisme n'était pas entièrement détruit, et des chrétiens peu éclairés avaient eux-mêmes conservé certaines pratiques superstitieuses. Ainsi, on rendait un culte aux arbres et aux fontaines, et il est à croire que la source dont il a été question plus haut fut l'objet de ces superstitions païennes. C'est, du reste, à quoi

(1) A. de Guéroust, auteur d'une histoire inédite du Saosnois, prétend que le conquérant des Gaules étant venu, à cette époque, assiéger Nogent-le-Rotrou, fut repoussé vers une forêt, appelée alors *Persognia*, et que les 6e et 14e légions de son armée, composées en grande partie de vétérans épuisés de fatigue, refusèrent de le suivre plus longtemps et s'établirent dans la forêt avec leurs femmes et leurs bagages. Outre le temple de Vénus dont il vient d'être parlé, ils élevèrent encore ceux de Mars (Mamers) et de Cérès (Cerisay). *Voir* Pesche, art. Saosnois et saint Rigomer.

doit se borner la vérité dans les récits merveilleux que font les gens du pays à propos de leur fontaine.

Saint Rigomer donc bâtit sa cellule et son oratoire dans le lieu qui avait été souillé par le temple païen, peut-être même sur les ruines de ce monument. Les substructions découvertes récemment dans le cimetière, au midi de l'église actuelle, semblent indiquer l'emplacement précis de cette chapelle primitive qu'elles étaient sans doute destinées à soutenir. Quant aux parties supérieures de l'édifice, elles devaient être construites en bois, comme l'étaient toutes les maisons de la contrée à cette époque.

L'envoyé de saint Innocent commença l'exercice de son zèle par ses parents et ses plus proches voisins, profitant de toutes les circonstances favorables pour les engager à la pénitence et aux œuvres de justice. Il insistait particulièrement sur le pardon des injures, l'hospitalité à l'égard des étrangers et l'aumône envers les pauvres, rappelant que ces œuvres de charité, si l'on s'y dévoue avec un vrai désir de plaire à Dieu, nous assurent le pardon de nos offenses envers la divine bonté.

Il exhortait encore ses compatriotes à ne point aller présenter leurs vœux et leurs offrandes aux fontaines et aux bocages, mais à se porter plutôt aux églises chrétiennes pour y célébrer les fêtes du Christ et recourir au ministère des prêtres; ajoutant que dans les maladies, ils devaient chercher leur soulagement dans l'onction de l'huile consacrée. Lui-même en effet administrait l'onction sainte aux malades qui recouraient à lui et, par le signe de la croix et l'invocation du nom du Seigneur, il en rendit un grand nombre à la santé, leur recommandant bien de remercier Dieu d'une si grande faveur.

C'est ainsi que le ministre de Jésus-Christ appelant les miracles au secours de son éloquence et de ses bons exemples, ramena au devoir beaucoup de chrétiens ignorants ou relâchés, et convertit une multitude d'infidèles à la vraie foi. Car notre saint prêtre ne tarda pas à étendre son apostolat dans toutes les parties du Saosnois. On ne peut douter que son zèle ne l'ait transporté aussi quelquefois au delà de la forêt de Perseigne et jusque dans celle de Bellême qui en est peu éloignée. L'inscription qu'on y a trouvée dans ces derniers temps : *Diis inferis, Veneri, Marti et Mercurio sacrum,* prouve qu'il y eut en ces régions de quoi l'exciter. Au moins il s'étendit au delà d'Alençon, et la paroisse de Colombiers qui est à deux lieues au delà de cette ville fut aussi l'un des endroits où il s'opposa aux restes du paganisme.

IV

Entre plusieurs faits qui signalèrent ce glorieux apostolat, il en est deux qui méritent d'être rapportés.

Rigomer apprit un jour que dans le voisinage existait un temple fameux que le peuple nommait *Marti fanum,* dédié au dieu Mars. Ce sanctuaire était en grande vénération dans la contrée et les populations voisines venaient en foule y faire leurs sacrifices. Le saint prêtre gémissant de ce que tant d'hommes grossiers et infidèles se livraient à des actes religieux qui loin de les sauver et de rendre hommage à Dieu, n'étaient, au contraire, que des superstitions inspirées par le démon pour la perte de leurs âmes, se sentit enflammé d'un saint zèle, et accompagné de quelques chrétiens dévoués, il se mit à la recherche de ce lieu. Ayant enfin découvert le repaire du culte infernal, il fit retentir la parole de Dieu dans tous les environs. Il engagea les habitants à abandonner leurs vaines observances pour les pratiques de la vraie religion et à ne remettre leur confiance qu'en Celui qui est Sauveur de tous les hommes.

La prédication de saint Rigomer fut si efficace, que ses auditeurs, de leur propre mouvement, détruisirent le temple des faux dieux et, dans le même lieu, élevèrent une église à Jésus-Christ. Des moines ne tardèrent pas à établir leur demeure près de cette église, ce qui engagea les nouveaux chrétiens à se joindre à eux pour y mieux honorer Celui qu'ils y avaient trop longtemps outragé. Telle fut l'origine de la ville de Mamers.

Quelques historiens cependant placent ce fait non à

Mamers, mais à Saint-Rémi-du-Plain. Cette paroisse est en effet dédiée non au saint évêque de Reims, mais à notre saint compatriote, et souvent on l'a appelée Saint-Rigomer-du-Plain. Il y a donc lieu de supposer que saint Rigomer y a fait quelque action éclatante. Mais la distance du bourg de Saint-Rigomer-des-Bois à Saint-Rémi étant très petite, on ne s'expliquerait guère que de longues recherches eussent été nécessaires pour découvrir ce dernier lieu, d'autant plus que sa position fort élevée le rend visible dans toute la contrée.

V

Cependant il arriva qu'une noble dame du nom de Truda ou Trudana, épouse d'un seigneur de la province nommé Haregaire, tomba malade. Ayant entendu parler de la sainteté de Rigomer, elle le fit demander, espérant que par ses prières elle pourrait recouvrer la santé. Saint Rigomer, mu par l'esprit de charité qui le guidait partout dans son divin ministère, partit aussitôt pour aller la visiter. Par sa prière et par l'onction de l'huile sainte, il guérit en effet la malade.

Mais le serviteur de Dieu ne se bornait jamais à guérir le corps. Il savait profiter des circonstances pour exhorter les infirmes à penser au salut de l'âme, et ne manquait pas de leur enseigner comment ils pourraient profiter de leurs souffrances pour faire pénitence. Il les pressait de se rendre à ses avis en leur faisant envisager les châtiments de l'autre vie qu'il leur était alors facile d'éviter et les joies du ciel qu'ils avaient occasion de s'assurer.

Or la noble dame que venait de guérir saint Rigomer avait une fille nommée Tenestine ou Trenestine. Cette jeune enfant, témoin du miracle et des instructions dont sa mère était l'objet, conçut, par une grâce particulière de Dieu, un goût extrême pour l'enseignement qu'elle entendait développer avec tant d'onction. Bien que promise à un jeune homme de sa condition nommé Sévère, elle fit vœu de n'avoir jamais d'autre époux qne l'Epoux des Vierges et ne songea dès lors qu'aux moyens de mettre à exécution son pieux dessein.

Voyant dans le saint prêtre un envoyé du ciel qui lui était adressé pour la conduire à la sainteté, elle voulut l'entendre plus à loisir ; et dans ce but, aussi bien que pour se soustraire aux sollicitations et aux menaces de ses proches, lesquels voulaient la contraindre à prendre un parti qui lui répugnait, elle vint se fixer auprès de l'oratoire de son père spirituel. Elle y recevait ses instructions, et lui rendait en retour tous les services de charité qui étaient en son pouvoir.

Mais les intentions pures de la jeune chrétienne ne pouvaient être comprises de tcut le monde. Il arriva comme toujours que l'ennemi du salut souleva contre elle les langues malignes du pays, et bientôt ce que la pieuse fille faisait pour le serviteur de Dieu, comme autrefois Marthe et Marie, dans toute la simplicité de sa foi, fut attribué à des sentiments moins relevés. Tenestine sans prendre garde aux interprétations de la calomnie, n'en continuait pas moins de se montrer très assidue aux prédications et au service de saint Rigomer.

Cependant Sévère, son fiancé, ne fut pas le dernier à répandre les bruits qui flétrissaient son innocence. Il y était du reste excité par les calomniateurs qui se plaisaient à lui présenter la conduite de Ténestine comme outrageante pour lui-même. Le jeune homme crut tout ce qu'on lui disait. Dans son indignation , il alla jusqu'à porter une accusation au tribunal de Childebert, et se jetant aux genoux du roi, il lui demanda justice contre le prêtre qui par ses manœuvres lui avait ravi sa fiancée.

Ordre fut donné d'amener, sous bonne garde, Rigomer et Ténestine, afin qu'ils eussent à répondre devant le monarque des accusations qui pesaient sur eux. Forts de leur innocence, les deux serviteurs de Dieu quittèrent leur solitude sans la moindre appréhension et se disposèrent à paraître devant Childebert.

Suivant l'usage des rois mérovingiens, ce prince faisait sa résidence à Palaiseau qui était à cette époque une ferme royale, aux environs de Paris. C'est là que les accusés furent présentés devant toute la cour. Leur physionomie respirait l'innocence et la paix de l'âme ; leurs mains portaient divers objets de dévotion, entre autres des flambeaux de cire qu'ils offrirent au roi conformément à l'étiquette du palais.

Quelques gens de la cour les montrant du doigt se permirent les plus grossières plaisanteries (1). Childebert lui-même parut fort irrité. Il leur demanda sévèrement pourquoi ils avaient osé tenir une si odieuse conduite. La réponse révéla en même temps l'humilité et la candeur des accusés. Ils dirent qu'ils se sentaient capables de tout mal excepté de celui qui leur était reproché. Puis ils rendirent compte de leurs actions en toute simplicité.

Mais le roi, soit qu'il ne fut pas lui-même entièrement convaincu, soit que, venant de reconnaître leur sainteté, il voulut la faire éclater aux yeux de ceux qui l'avaient si indignement méconnue, leur dit : « Si vous êtes vraiment innocents, si vous n'avez jamais eu l'un et l'autre aucun mauvais sentiment, allumez sans feu, par le signe de la Croix, les cierges que vous m'offrez, afin que par là on reconnaisse si votre piété est sincère. »

Et eux, se confiant dans la divine bonté se mirent à genoux en présence de la foule. Pendant leur prière, les cierges commencèrent à donner quelque fumée. Saint Rigomer levant alors les mains au ciel invoqua avec ardeur le nom de Notre-Seigneur Jésus-Christ, et aussitôt les deux flambeaux parurent visiblement allumés par la seule vertu de la prière.

Ce miracle fut si éclatant, si évidemment constaté à la vue de toute l'assemblée que le roi Childebert et ses conseillers voulant donner l'exemple de la réparation, se jetèrent aux genoux des deux saints et leur demandèrent pardon des peines et des mauvais traitements qu'ils leur avaient fait subir. Childebert les prit sous sa protection royale et défendit que dé-

(1) *O tales sacerdotes qui aliorum seducant uxores !... (Vita S. Rigom. n. 10.)*

sormais personne n'osât inquiéter ceux que le témoignage de Dieu lui-même avait justifiés. Voulant en outre les combler de sa munificence, il offrit de leur accorder tout ce qu'ils désireraient. Mais les solitaires acceptèrent seulement qu'une retraite dans le pays du Maine pût être assignée à chacun d'eux par leur Évêque pour y bâtir leurs cellules. Enfin le roi et les grands de la cour leur recommandèrent de prier souvent pour le salut du prince et la paix du royaume.

Le biographe auquel sont empruntés tous ces détails nous apprend que de son temps, au VIIe siècle, existait à Palaiseau une basilique dédiée à saint Rigomer où les fidèles venaient en foule rendre leurs hommages à Dieu et à son glorieux serviteur. Il affirme que Childebert lui-même avait fait bâtir cette église sur le théâtre du miracle accompli sous ses yeux afin d'en perpétuer le souvenir, et comme un témoignage glorieux contre les calomniateurs de Rigomer et de Ténestine.

VI

Nos deux saints ayant donc pris congé du roi furent reconduits au Mans avec les plus grands honneurs Ils allèrent se jeter aux pieds de saint Innocent.

Ténestine admise à l'honneur de finir sa vie sous le voile des vierges, s'efforça de se sanctifier de plus en plus dans les pratiques de la piété. Sous les auspices de saint Innocent qui l'aida même de ses deniers, la servante de Dieu construisit un oratoire sur un terrain appartenant à l'église Cathédrale, Cette chapelle fut dédiée à Notre-Dame et à Saint-Étienne. Elle se trouvait en dehors des fortifications du Mans, entre la Sarthe et la colline sur laquelle repose l'ancienne ville, vers l'extrémité nord de la rue actuelle de Gourdaine. Les parents de Ténestine, Haregaire et Truda voyant qu'ils ne pourraient détourner leur fille du vœu qu'elle avait fait, bâtirent autour de son oratoire un couvent qui fut appelé monastère Sainte-Marie et qu'ils dotèrent de leurs biens. Mais tous ces biens ainsi que ceux qui furent légués dans la suite devaient rester sous l'administration de l'évêque et du chapitre de la Cathédrale, en sorte que les religieuses n'en pouvait avoir que l'usage et nullement la propriété.

Sainte Ténestine fut la première supérieure du monastère de Sainte-Marie. Il est à croire que les religieuses de cette communauté observaient la règle que saint Césaire d'Arles venait de composer pour sa sœur sainte Césarie, jusqu'à ce que sainte Adnette ou Adrechilde, par ordre de saint Béraire y eut introduit la discipline de saint Benoît vers le milieu du siècle suivant. Elles offraient l'hospitalité aux nombreux pèlerins qui venaient en dévotion au tombeau de saint Julien et de ses premiers successeurs, elles prenaient soin des ornements sacrés de l'église Cathédrale et blanchissaient le linge destiné au service divin. C'est sans doute pour cette raison que les blanchisseuses du Mans choisirent sainte Ténestine pour leur patronne.

La charité des religieuses s'étendait en outre au soin des malades de la ville et à l'assistance des pauvres auxquels elles distribuaient tous leurs revenus. Lorsqu'elles furent assez nombreuses, elles se répandirent dans les campagnes pour donner l'instruction chrétienne aux enfants.

On voit qu'à Sainte Marie, la clôture ne fut pas d'abord observée strictement comme elle le fut dans la suite. Il n'est pas certain non plus que sainte Ténestine fût revêtue de la dignité d'abbesse comme les supérieures qui lui succédèrent, et ainsi la règle de saint Césaire dut subir plusieurs modifications pour s'adapter aux occupations extérieures des religieuses.

Quoi qu'il en soit, à cause de toutes ces œuvres de charité et de l'édification que sainte Ténestine répandait autour d'elle, le monastère de Sainte-Marie fut bientôt en grande vénération dans la ville et même au loin.

De tous côtés affluaient les témoignages de reconnaissance pour les grâces surnaturelles obtenues par les prières des religieuses. Ces pieuses filles, en effet, tout en faisant preuve d'un entier dévouement au bien du prochain, n'oubliaient pas de se sanctifier elles-mêmes par une grande assiduité à l'oraison, aux saintes veilles et au jeûne, et par une fidélité exemplaire à l'observation des conseils évangéliques dont s'effraie le plus la nature.

Ce fut ainsi que sainte Ténestine, par la force de ses exemples, entraîna à sa suite un grand nombre d'âmes au service plus parfait de Jésus-Christ et à la pratique des œuvres héroïques de la virginité. Elle-même persévéra de longues années dans la sainteté et échangea enfin cette vie mortelle pour une vie meilleure, vers l'an 560, sous l'épiscopat de saint Domnole.

VII

Retournons maintenant à saint Rigomer. Lorsqu'il revint de Palaiseau, l'évêque du Mans qui avait toujours pris la défense de son prêtre fidèle contre la calomnie, témoigna l'intention de le retenir auprès de lui. Mais il ne put ébranler la résolution que le saint avait prise de mener désormais la vie solitaire. Ne voulant pas néanmoins qu'il s'éloignât beaucoup, afin de recourir quelquefois à ses lumières pour l'administration spirituelle de son diocèse, il lui assigna une retraite à quelques lieues seulement de la ville épiscopale, dans une vallée couverte de bois nommée en latin *Vallis sublignea* ou *suliniacum* et qui est maintenant Souligné-sous-Vallon. Sainte Ténestine obtint dans la suite que par ordonnance épiscopale un terrain situé dans cette vallée fût détaché des biens de son monastère en faveur de saint Rigomer. Celui-ci y bâtit un petit oratoire auprès duquel il comptait finir ses jours en vrai solitaire. Mais la haute estime que l'on avait de ses vertus ne tarda pas à lui attirer des disciples pour lesquels il se vit obligé de bâtir des cellules autour de la sienne. Telle fut l'origine de l'abbaye de Saint-Pierre, qui fut ruinée par les Normands, vers l'an 873. Elle était située sur l'emplacement de la ferme actuelle de la Roche où l'on distingue encore des ruines. La tradition du pays désigne même le lieu précis de la cellule habitée par saint Rigomer.

Le saint prêtre vécut en ce lieu avec beaucoup d'austérité. Il faisait aux pauvres d'abondantes aumônes, et ceux qui venaient de toutes parts se recommander à ses prières obtinrent souvent des guérisons miraculeuses. La fontaine qui coule encore près de l'église de Souligné et qui depuis son apparition n'a jamais cessé, même pendant les plus grandes sécheresses, de pourvoir aux besoins de toute la population, est aussi attribuée à l'intervention miraculeuse de saint Rigomer dont elle a retenu le nom. Le bruit de ses merveilles et de son éminente sainteté se répandant au loin, ramena à Dieu un grand nombre de personnes de ces régions, comme autrefois ses prédications dans le Saosnois. Il ne semble pas d'ailleurs que le saint ermite se soit entièrement abstenu de prêcher depuis sa retraite. Il est à croire que tout en conduisant dans les voies de la perfection les disciples qui venaient demander sa direction, le zélé prédicateur ne laissait pas de donner encore ses soins à l'instruction des populations voisines.

Dix-huit années à peu près se passèrent ainsi dans la solitude de Souligné. On ne saurait préciser l'âge que devait avoir saint Rigomer quand il mourut ; il est probable que ce fut pendant l'année 559. Le bréviaire et le martyrologe affirment que ce bienheureux trépas arriva le IX des calendes de septembre, c'est-à-dire le 24 août, et la fête de notre saint que l'on célèbre en effet ce jour-là nous rappelle qu'il est maintenant et pour toujours en possession du bonheur auquel a daigné l'appeler dans le ciel Celui qu'il a si fidèlement servi sur la terre, J.-C. N.-S.

CULTE DE SAINT RIGOMER & DE SAINTE TÉNESTINE

La mort, ou plutôt le *jour natal*, suivant l'expression de l'Église, n'est pour les saints que leur entrée dans une nouvelle phase plus glorieuse de leur vie. Leur vocation en ce monde n'est pas elle-même entièrement accomplie quand il plaît à Dieu de les récompenser. Ils ont été donnés à l'Église pour l'édification des fidèles ; après leur mort, ils nous parlent encore par les exemples qu'ils ont laissés, et leur intercession assure le succès de ceux qui veulent les suivre. Les saintes reliques sont à la fois cette prédication posthume qui nous encourage et le gage du secours divin qui nous affermit contre les difficultés de la vie.

Saint Rigomer et sainte Ténestine qui avaient été donnés au diocèse du Mans pour sa gloire et sa sanctification, n'ont pas cessé, depuis 1300 ans, de vivre au milieu de nous. Il reste à tracer cette seconde partie de leur vie qui assurément ne sera pas le moins digne de notre intérêt.

I

Lorsque l'âme du saint prêtre se fut envolée vers Dieu, son corps ne resta pas à Souligné ; il fut presque aussitôt transporté au Mans. L'évêque, qui était alors saint Domnole, ne voulut pas laisser dans l'obscurité un si précieux trésor. D'ailleurs la dévotion des fidèles le réclamait ; la sainteté de notre solitaire était bientôt devenue célèbre dans la capitale de la province, et telle était la vénération des Manceaux pour saint Rigomer à l'époque de sa mort, qu'ils élevèrent, pour recevoir ses restes, une basilique qui fut dédiée sous son nom. Cette église fut construite non loin du couvent de sainte Ténestine, de l'autre côté de la Poterne, mais au-dedans et près des remparts. Elle devait être attenante au palais des comtes du Maine. Par son testament, daté du 27 mars 618, l'évêque saint Bertrand voulant témoigner de sa dévotion envers saint Rigomer et sainte Ténestine, lègue 10 sous d'or à l'église de Sainte-Marie et pareille somme à la basilique de Saint-Rigomer.

Les reliques de saint Rigomer restèrent pendant 450 ans dans ce sanctuaire. Les précautions auxquelles on dut recourir pour les enlever montrent combien populaire était alors le culte de notre saint, et quel prix l'on attachait à la conservation de sa châsse vénérée.

II

Maillezais est aujourd'hui une petite ville de 1000 âmes environ. Située dans une presqu'île marécageuse et malsaine, au confluent de la Sèvre et de l'Autize, elle semble n'avoir jamais été fort importante par sa population, mais elle fut très célèbre au moyen âge par l'abbaye de Saint-Pierre qu'y fonda, en 990, Guillaume Fier-à-Bras, duc d'Aquitaine. Ce monastère, qui appartenait à l'Ordre de Saint-Benoît, fut d'abord construit dans une forêt dont il reste encore quelques parties, au lieu même où l'on voit aujourd'hui une église paroissiale appelée Saint-Pierre-le-Vieux. Vingt ans plus tard, les religieux se retirèrent à 1.500 mètres plus loin et y bâtirent le nouveau ou vrai monastère de Saint-Pierre. L'église de cette abbaye était d'abord une collégiale dépendant de l'évêché de Poitiers. Elle fut en 1317 érigée en cathédrale par le pape Jean XXII; mais cet évêché fut supprimé en 1649 et annexé au diocèse de la Rochelle qui venait d'être fondé. Depuis le Concordat, Maillezais appartient au diocèse de Luçon.

Au moment de sa fondation, le nouveau monastère de Saint-Pierre avait à sa tête l'abbé Théodelin. Ce religieux, issu d'une famille juive, apparaît dans l'histoire comme un personnage très vénérable par son zèle et sa piété aussi bien que par la grande autorité que sa haute sagesse lui avait acquise. Grâce à son intelligente activité, les nouvelles constructions de l'abbaye étaient près d'arriver à bonne fin. Mais ce n'était point assez pour le pieux abbé d'avoir élevé un des plus magnifiques monuments de la province; il eût désiré avant tout enrichir sa maison des reliques de quelque saint, car c'était, à son avis, le plus riche trésor qu'on pût ambitionner.

Le moine Pierre de Maillezais, historien de l'abbaye, nous apprend comment la translation de saint Rigomer réalisa le pieux désir de Théodelin. Nous reproduirons presque en entier son intéressant récit (1).

Hugues, comte du Maine, était lié d'une étroite amitié avec l'abbé de Maillezais, et dans les nombreuses difficultés qu'il avait à démêler, il n'eût rien voulu entreprendre sans consulter son ami. D'un autre côté, Théodelin était tout-puissant sur l'esprit de Guillaume duc d'Aquitaine. Le comte du Maine ayant eu besoin du crédit de l'abbé pour traiter avec Guillaume Fier-à-Bras une affaire importante, vint dans ce but à Maillezais, et par l'entremise de son ami, obtint tout ce qu'il désirait.

Cependant, entre divers propos familiers qui suivirent cette heureuse solution, le comte, comme par une inspiration divine, demanda à l'abbé Théodelin si pour achever les constructions de son monastère il ne manquait pas de ressources. « Si vous parlez de biens temporels, répondit l'abbé, j'en suis abondamment pourvu, grâce à Dieu ; mais pourrai-je m'estimer riche, tant que je serai dépourvu de reliques sacrées qui m'assurent la protection des saints ?... » Puis il ajouta : « Et puisque nous en sommes venus à ce sujet de conversation, je vous en supplie, voyez si vous ne pourriez satisfaire la soif ardente que j'ai de ces richesses. »

Le comte embarrassé resta d'abord quelque temps silencieux. « Je vois bien, dit-il enfin, que votre demande est inspirée par le désir de procurer le bien général et non de satisfaire une utilité personnelle. D'un autre côté, j'ai pour principe de sacrifier parfois mes intérêts pour l'avantage d'autrui. Eh bien, dans une église qui m'est soumise, mes ancêtres m'ont gardé précieusement un trésor que mon affection pour vous peut seule m'engager à vous abandonner. — Autrefois vécut un grand serviteur de Jésus-Christ nommé Rigomer. Peut-être jusqu'à présent n'avez-vous pas même entendu prononcer son nom ?... Mais l'histoire de ses vertus a été chez nous conservée avec soin, et il est fort célèbre dans toute

(1) Petrus Malleacencis monachus, *de Cœnobio Malleacensi* apud Labbe *Bibliotheca mss.*, t. 2, p. 234 et seq.

notre province par les nombreux miracles qui s'accomplissent à son tombeau. — Laissez donc partir avec moi un homme d'une prudence bien éprouvée. Je m'engage à protéger dans sa route et à seconder de tout mon pouvoir celui que vous jugerez digne de cette mission. »

Aucune expression ne saurait rendre toute l'allégresse avec laquelle fut accueillie la proposition du comte, ni quelles actions de grâces le vénérable abbé sut trouver pour témoigner ses sentiments de reconnaissance envers Dieu et envers son bienfaiteur.

Cependant on choisit un Frère d'une vertu bien connue et réputé comme très propre à conduire une entreprise difficile.

Un compagnon lui est adjoint sous un autre prétexte, et tous deux se mettent en route avec le comte.

III

Dès que les voyageurs furent entrés au Mans, le comte dit au moine qu'il devait se séparer de lui et chercher un asile comme s'ils n'avaient eu ensemble aucun rapport, lui recommandant toutefois de revenir le trouver à la tombée de la nuit. Tel était en effet l'attachement de la population pour les restes de saint Rigomer, qu'un soulèvement eût été à craindre si l'on avait pu soupçonner la mission du religieux.

Le moine exécuta ponctuellement les instructions qu'il avait reçues. Il donna ordre de lui préparer pour la nuit ses chevaux et tout ce qui est nécessaire pour un long voyage, et, vers le soir, il se présentait au palais. A un signal convenu d'avance, le comte et le religieux se retrouvèrent et pénétrèrent ensemble dans l'église de Saint-Rigomer, sous le prétexte d'aller vénérer les reliques du Bienheureux.

Il faut remarquer qu'à cette époque c'était l'usage de passer la nuit dans les églises près des reliquaires des saints. La conduite de nos pèlerins ne pouvait donc éveiller aucun soupçon. D'un autre côté, le comte usa de son autorité pour obliger par serment les gardiens à observer un silence absolu sur ce qui allait se passer.

Après s'être pieusement agenouillés devant les saintes reliques, les pèlerins ouvrirent la châsse qui les contenait; puis, retirant avec le plus grand respect chacun des ossements sacrés, ils les renfermèrent en des sacs ou étuis, préparés pour la circonstance et qui furent ensuite scellés avec soin.

Or, tandis que toutes ces choses se passaient, un bruit effroyable de tonnerre se fit entendre, bien que le ciel fût auparavant d'une sérénité parfaite. Les gens que le moine et le comte s'étaient adjoints voulaient s'enfuir, tant ils étaient saisis de terreur; ils criaient qu'il fallait remettre à sa place le dépôt sacré, si l'on voulait éviter de lamentables calamités.

Tout cela, dit l'historien que nous suivons toujours, arriva sans doute par un effet de la puissance divine, afin que celui dont on transférait les saintes reliques, devînt l'objet d'une plus grande vénération.

Quelques instants après, le ciel reprit en effet sa première sérénité, et tout ayant été disposé avec les précautions qu'exigeaient les circonstances, les pèlerins sortirent de l'église, puis aussitôt se mirent en route. Ils firent une telle diligence que le jour même ils arrivaient à Angers.

Comme on y célébrait la fête de saint Aubin, ils voulurent entendre la messe et déposèrent leur précieux fardeau en entrant dans la basilique du saint évêque. Pendant qu'ils assistaient aux saints mystères, il arriva qu'un paralytique, perclus de presque tous ses membres, fut apporté à l'église. Le malade s'étant appuyé sur les sacs pour prier, sans savoir ce qu'ils contenaient, se trouva tout à coup plus impotent que de coutume, puis sentit courir dans tous ses membres des douleurs si aiguës qu'il se crut près d'expirer. Mais, ô merveille! au grand étonnement de toute l'assistance une guérison complète succède aussitôt à de si horribles souffrances, et par des ossements inertes la vigueur est rendue à des membres vivants.

Pendant que la foule assemblée pour la solennité partageait l'allégresse du miraculé et rendait grâce à Dieu d'une si admirable faveur, les voyageurs qui seuls connaissaient la vérité, craignant que Foulques d'Anjou, suzerain du Maine, ne s'opposât à la translation du saint manceau, laissèrent prudemment attribuer la gloire du prodige à l'intercession de saint Aubin ; et, sans tarder plus longtemps, ils se hâtèrent de reprendre leur route.

L'abbé Théodelin avait promis de venir à leur rencontre et il les attendait en effet avec grande impatience au monastère de Bourgueil. Afin que le vénéré père, suivant qu'il en avait exprimé l'intention, pût se préparer à recevoir le trésor si désiré, un des pèlerins prit le devant et alla annoncer la prochaine arrivée des autres. On ne saurait dire quelle fut la joie de l'homme de Dieu, lorsque l'heureux messager lui raconta comment, par la protection divine, tout avait réussi au delà de ce qu'on pouvait espérer. Ayant réuni les religieux du monastère, le pieux abbé leur fit part de son bonheur, et les pria de préparer une digne ovation à ce présent du ciel. La réception de saint Rigomer à Bourgueil fut en effet très solennelle. Les religieux exposèrent les saintes reliques dans leur église et félicitèrent ceux de leurs frères auxquels Dieu destinait un gage si précieux de sa protection.

Le P. Théodelin, sans perdre un instant, dépèche une estafette qu'il charge de raconter à Maillezais tous les détails de l'affaire. Le même messager était porteur d'une lettre dans laquelle l'abbé traçait lui-même le cérémonial de la solennité prochaine. Les moines de Maillezais se conformant aux instructions de leur Père, font annoncer la fête de tous côtés, et bientôt une immense multitude de clercs, de religieux et de fidèles se trouvent réunis dans la ville.

Cependant, la nuit qui précéda la réception des reliques de saint Rigomer à Maillezais, il arriva qu'un frère du monastère, appelé Tezo, vit pendant son sommeil une vive clarté s'élever à l'Orient et remplir peu à peu toute l'étendue de l'abbaye ; il aperçut ensuite une foule innombrable de fidèles accourir de toute part et attendre je ne sais quoi de merveilleux qui était au milieu de la clarté et qui semblait lui être destiné. Or, ce religieux ignorait alors l'arrivée du bienheureux Rigomer. S'il est permis de tirer augure de ce qui se passe pendant le sommeil des hommes, je suis porté à croire, dit toujours notre historien, que ce fait n'était pas seulement un heureux préambule de la joyeuse aurore qui allait luire, mais présageait surtout l'abondance des bienfaits que le Seigneur se plaît à répandre depuis lors sur tous ceux qui recourent à l'intercession du bienheureux Rigomer, et la joie qu'il leur apporte par la guérison de leurs maux tant spirituels que corporels.

Dès que les porteurs du trésor sacré furent aperçus de Maillezais, une immense acclamation se fit entendre. Aussitôt le cortège des religieux s'organise. La foule rangée sur les côtés des rues, chante les louanges du Seigneur. Les plus dignes d'entre les ministres sacrés prennent les saintes reliques sur leurs épaules, tandis que les autres clercs les suivent sur deux longues files tenant des flambeaux à la main. Tous les fidèles se prosternent sur le passage et demandent avec larmes la protection du bienheureux Rigomer. Bientôt le cortège triomphal est près du monastère, et au milieu des transports d'allégresse qui éclatent de toute part, l'église de Maillezais, reçoit les ineffables présents que le ciel lui a si merveilleusement destinés.

IV

Ainsi s'accomplit la translation des reliques de saint Rigomer. Le religieux à qui nous devons cette narration n'indique aucune date précise, mais nous savons par ailleurs (1) que le fait arriva l'an 1014, et la circonstance de la fête de saint Aubin, relatée ci-dessus, fait supposer que les envoyés de Théodelin quittèrent le Mans le 28 février et arrivèrent à Maillezais le 4 ou le 5 mars. Comme la nef principale n'était pas

(1) *Chronic. Malleac. apud Labbe*, t. II, biblioth.

encore entièrement terminée, les reliques furent déposées provisoirement dans la chapelle de la sainte Vierge.

« Nous ne parlerons point, ajoute l'historien, des miracles qu'il a plu au Tout-Puissant d'accomplir depuis lors en ce lieu. Ils sont si nombreux et si éclatants que nul ne saurait en faire un digne récit. Cependant, plus tard, si Dieu nous prête vie, nous essayerons d'en faire connaître quelques-uns. »

Plût à Dieu que cet auteur eut trouvé le temps de nous transmettre ces prodiges, ou que son ouvrage, s'il a pu le composer, ne fût pas resté quelque part ignoré !

Quoi qu'il en soit, nous savons que les reliques de saint Rigomer et les miracles dont elles furent l'occasion contribuèrent puissamment à réveiller la foi dans le Poitou et assurèrent à notre thaumaturge les hommages des populations (1). L'abbaye de Maillezais qui était, avons-nous dit, dédiée à Saint-Pierre, adopta désormais le patronage de Saint-Rigomer. Notre saint fut aussi le patron de la cathédrale, lorsque le monastère devint le siège d'un évêché, et chaque année sa fête y était célébrée avec la plus grande solennité. Aujourd'hui encore, il est honoré dans l'église paroissiale de Maillezais ; et, il est à remarquer que cette église, qui date du XIe siècle, comme l'ancienne cathédrale, ayant toujours été en dehors du monastère, saint Rigomer dut pendant longtemps être honoré simultanément en deux sanctuaires de cette ville.

Maillezais ne conserva pas aussi longtemps son trésor que sa dévotion envers le saint prêtre manceau. Une première fois la châsse fut sauvée de la ruine que les Anglo-Normands firent subir au monastère en 1225. A l'époque des guerres de religion, les Huguenots dévastèrent de nouveau et brûlèrent la magnifique cathédrale romane, dont les ruines, encore assez importantes, en 89, pour attester son antique splendeur, n'ont pas entièrement succombé, même aujourd'hui, au vandalisme des révolutionnaires qui les ont acquises pour en

(1) V. D. Piolin, *Hist. de l'Église du Mans*, t. III, p. 82.

vendre les pierres. Les religieux, chassés de l'abbaye et dispersés par les hérétiques, ne purent soustraire les saintes reliques à la profanation. Néanmoins, une petite partie échappa une fois de plus à la destruction, et Maillezais vénérait encore quelques ossements de son patron à l'époque de la Révolution. Depuis ce temps on ne connaît plus aucun reste du corps de saint Rigomer.

V

Nous ne saurions préciser en quelle année ni dans quelles circonstances l'abbaye de Ferrières (diocèse de Sens) obtint une relique de notre Saint. Un auteur (1) écrivait au commencement du XVIIIe siècle, que sa fête se célébrait en ce lieu le 25 août depuis plus de 200 ans. Quant à Palaiseau, l'histoire ne dit point combien de siècles se maintint le pèlerinage qui s'y était établi, ni à quelle époque fut détruite la basilique édifiée par Childebert.

Saint Rigomer fut aussi pendant longtemps honoré d'un culte particulier au monastère de Saint-Laumer, près de Blois.

On ne sait combien de sanctuaires lui furent dédiés en notre diocèse. Outre l'église qui fut élevée au Mans spécialement pour recevoir son corps, et qui paraît n'avoir pas subsisté longtemps après qu'elle fut privée de son dépôt sacré, un autel lui fut aussi dédié par saint Aldric dans le pourtour du chœur de la Cathédrale.

Nous avons suffisamment indiqué l'origine du culte rendu à saint Rigomer dans les paroisses qui sont actuellement sous son patronage (2). Ces lieux ayant été les théâtres de son zèle, il est probable que les oratoires élevés par ses soins furent bientôt placés sous son invocation. Le pays de Saosnois, après le départ de son apôtre, avait conservé pour lui une telle

(1) Lebeuf, *Dissert. sur l'hist. de Paris*. 1739.

(2) Saint-Rigomer-des-Bois, Saint-Remi ou Rigomer-du-Plain, Souligné-sous-Vallon et Colombiers (diocèse de Séez).

vénération, qu'il continua d'appeler de son nom le lieu où il s'était habitué à aller chercher ses leçons et ses prières. On ne voit en effet nulle part que le village de Saint-Rigomer ait jamais été depuis ce temps désigné sous un autre nom (1). Cette bourgade elle-même qui avait calomnié son bienfaiteur ne tarda pas sans doute à réparer son ingratitude lorsqu'elle apprit sa glorieuse justification et les témoignages de respect dont il était ailleurs entouré. Si la pauvreté des habitants ne leur a jamais permis de consacrer à leur saint compatriote une église digne de ses bienfaits, on voit par les anciens actes de baptême conservés dans la paroisse depuis 1570, qu'il fut un temps où ils avaient souvent l'heureuse pensée de mettre leurs enfants sous son patronage.

VI

Bien qu'il soit impossible de présenter sur les reliques de sainte Ténestine des détails aussi nombreux que sur saint Rigomer, nous pouvons affirmer cependant que cette sainte ne fut pas en moins grande vénération chez nos ancêtres. Il résulte de documents anciens (2) que son culte, comme celui de saint Rigomer, a été très répandu dans toute notre province, et qu'un certain nombre de sanctuaires ont été sous son patronage. La dévotion à sainte Ténestine fut populaire surtout dans la ville du Mans où le monastère de Sainte-Marie garda religieusement les traditions de son culte aussi bien que celles de ses œuvres de charité.

Toutefois, cette communauté n'eut pas le bonheur de conserver la dépouille mortelle de sa bienheureuse fondatrice. Sainte Tenestine fut inhumée dans la basilique des saints Apôtres au delà de la Sarthe, aujourd'hui l'église du Pré. C'est là du moins que saint Aldric la trouva le 25 juillet 836 ou 838, ainsi que sainte Adnette, abbesse du même monastère. Ce saint Evêque, voyant que ce lieu de sépulture était en mauvais état et privé du service divin, voulut transférer à

(1) Voir Géographie de Cauvin. V° *Rigomerus*.
(2) V. *Acta Sanctorum O. S. B.*, vol. VI, p. 133.

la Cathédrale, avec le corps de saint Julien, toutes les saintes reliques qui y étaient déposées. L'authenticité de ces reliques fut prouvée par de nombreux miracles, et l'on sait avec quelle pompe se fit la célèbre translation que les diocèses du Mans et de Laval solennisent encore chaque année le dimanche qui suit le 25 juillet.

Le corps de sainte Ténestine fut provisoirement déposé avec plusieurs autres dans une chapelle latérale de la basilique. Saint Aldric avait alors le projet de faire construire pour tous les saints du Mans, autant de monastères et d'églises où chacun d'eux serait particulièrement honoré. Le monastère de Sainte-Ténestine qui était proche de sa ruine fut magnifiquement restauré dans ce but, et une nouvelle église plus belle et plus vaste y fut consacrée le 12 octobre 840 en présence de tous les évêques de la province et d'un grand nombre de prélats convoqués par saint Aldric. Elle fut mise comme la cathédrale sous le patronage du Sauveur, des saints martyrs Gervais et Protais et de saint Etienne. Une station établie à Sainte-Marie rappelait chaque année cette dédicace solennelle. Ce jour-là, les chanoines devaient y célébrer leurs offices capitulaires.

Mais l'invasion des Normands vint arrêter le vénéré Pontife avant l'entière réalisation de son pieux dessein. Des clercs fuyant les incursions de ces barbares emportèrent avec eux dans l'Orléanais le corps de sainte Ténestine. Il fut conservé pendant l'invasion dans l'abbaye de Fleury ou Saint-Benoît-sur-Loire. Quand le calme fut rendu à la province, vers la fin du xe siècle, les reliques de la pieuse vierge furent rapportées au Mans (1).

Toutefois les religieux de Saint-Benoît s'étant attachés au culte de la sainte à laquelle ils avaient donné asile, réclamèrent une partie de ses ossements, et continuèrent longtemps de lui rendre les mêmes honneurs. Un célèbre abbé de ce monastère qui fut dans la suite archevêque de Bourges, Gauzlin, fils de Hugues Capet, avait une vénération toute

(1) D. Piolin, t. II, p. 404.

particulière pour notre sainte compatriote. Il fit faire, pour la portion de ses reliques qui était restée dans son église, une châsse du plus grand prix pour la richesse des métaux et des pierreries aussi bien que pour le travail des artistes (1). Lorsque Manassès, évêque d'Orléans, consacra la célèbre église abbatiale de la Cour-Dieu, le 14 juillet 1216, il emprunta à la châsse de Fleury quelques restes de sainte Ténestine pour les placer dans le maître-autel (2).

Les ossements vénérés qui revinrent au Mans ne furent pas traités avec moins d'honneur. Ils reposèrent longtemps dans un tombeau de pierre, derrière l'autel de Notre-Dame du Chevet, à la cathédrale. Un siècle après leur retour, le saint évêque Hildebert voulut donner une marque de sa dévotion envers sainte Ténestine. Une châsse revêtue de lames d'or et d'argent fut fabriquée à ses frais, et lui-même y fit solennellement une nouvelle translation des saintes reliques.

VII

Depuis cette époque, l'histoire perd complètement de vue les restes de la célèbre vierge du Mans. Nous savons seulement que les ossements restés à Fleury n'échappèrent à la destruction, ordonnée en 1661 par l'apostat Coligny, que pour être un mois plus tard, enlevés, profanés et livrés aux flammes par les troupes huguenotes du prince de Condé.

C'est gratuitement, à notre avis, que plusieurs ont parlé d'une translation de sainte Ténestine à Maillezais (3). Sans doute on peut trouver naturel que les religieux de cette abbaye aient eu le désir d'unir au culte de saint Rigomer celui de sa fille spirituelle ; mais rien ne fait supposer qu'ils aient osé demander son corps ni surtout qu'il leur ait été accordé. Corvaisier paraît avoir le premier émis cette asser-

(1) *Vie de Gauzlin*, *apud D. Piolin*, t. III, p. 55.

(2) Saussaye, *Annales ecclés.*, *Aurélian*, lib. XII, 44.

(3) Corvaisier, p. 145 ; Bondonnet, p. 170 ; Pesche, art. Saint-Rigomer-des-Bois (il se rétracte à l'art. Souligné-sous-Vallon) ; D. Piolin, t. III, p. 82 ; J.-B. Guyard de la Fosse, p. 48, etc.

tion, et les autres l'ont sans doute répétée sans plus amples informations, car nous n'avons pu découvrir aucun texte ancien qui puisse servir de base à une semblable supposition. Toujours est-il que cette prétendue translation n'a pu se faire en même temps que celle de saint Rigomer, ainsi qu'on paraît l'insinuer; ce n'est pas que les reliques de la sainte fussent alors à Fleury, comme semble le croire Pesche, lequel n'a pas remarqué qu'elles étaient déjà, au moins pour la plus grande partie, revenues au Mans en 1014; mais le moine Pierre de Maillezaís qui détaille si minutieusement l'expédition des envoyés poitevins, n'aurait pas omis une particularité si remarquable, et d'ailleurs, ainsi que nous l'avons vu, lesdites reliques étaient encore chez nous au temps de l'évêque Hildebert, c'est-à-dire un siècle plus tard. Il n'est pas même vraisemblable qu'elles aient été transférées depuis cette dernière époque, car tandis que saint Rigomer est aujourd'hui encore honoré à Maillezais et que tout le diocèse de Luçon célèbre sa mémoire, le culte de sainte Ténestine est absolument inconnu dans ce pays, ainsi qu'il résulte des informations que nous avons prises sur les lieux mêmes. On est en droit, ce semble, d'inférer aussi de là que l'ancienne cathédrale de Maillezais n'a pas, comme on a paru le croire, ajouté le patronage de notre sainte à celui de saint Rigomer.

Quoi qu'il en soit, la province du Maine a gardé religieusement, jusqu'à ces derniers temps, le culte de sainte Ténestine. Le monastère de Sainte-Marie fut ruiné définitivement presque aussitôt après la belle restauration accomplie par saint Aldric, mais l'église subsista comme paroissiale jusqu'à la Révolution et garda les traditions de la célèbre abbaye.

Nous avons déjà fait observer que les blanchisseuses avaient adopté le patronage de notre sainte. Depuis la suppression de la paroisse de Gourdaine, c'était dans l'église de Saint-Benoît qu'elles allaient invoquer leur patronne. Une sorte de pèlerinage établi dans ce sanctuaire, témoignait naguère encore que le souvenir de la bien-aimée vierge restait toujours vivant dans le cœur des fidèles. Il est regrettable que la statue et l'autel de Sainte-Ténestine, enlevée pour faire place à une tribune, n'aient pu, jusqu'à présent, être replacés dans quelque partie de l'église.

VIII

La liturgie du Maine réservait une place d'honneur à sainte Ténestine. Nous connaissons une hymne fort ancienne, composée en l'honneur de cette vierge (1). Sa fête se célébrait le 17 avril, mais le calendrier fait remarquer que c'est par translation du 26 août. C'est à cette dernière date qu'elle était fixée à Fleury et à la Cour-Dieu. Faut-il en conclure que ce jour soit la vraie date de son trépas? Aucun document ne confirmant cette interprétation, on ne peut rien préciser à cet égard.

L'office de sainte Ténestine était autrefois du rit double pour tout le diocèse. La messe surtout était fort belle. Nous en extrairons seulement quelques parties :

COLLECTE

Deus qui Ecclesiæ Cenomanensi Virginem Tenestinam alumnam tribuere dignatus es : Concede propitius, ut quæ præbuit castitatis et patientiæ exempla, tuæ gratiæ donis adjuti, imitari valeamus.	O Dieu, qui avez daigné accorder à l'Eglise du Mans d'avoir pour enfant la vierge Ténestine, faites-nous la grâce d'imiter, aidés de votre divin secours, les exemples de chasteté et de patience qu'elle nous a donnés pendant sa vie.

ALLELUIA

Dabitur illi fidei donum electum et sors in templo Dei acceptissima (*Sap.* III, 14).	Elle aura en partage le don précieux de la foi et un bienheureux sort dans la maison du Seigneur.

Gracieuse allusion aux fonctions de sainte Ténestine et de ses religieuses relativement aux ornements de la cathédrale.

SECRÈTE

Deus qui in puris gaudes manere pectoribus ; virtute hostiæ quam tibi in solemnitate beatæ Tenestinæ Virginis offerimus, da nobis tales existere in quibus habitare digneris.	O Dieu, qui vous plaisez à habiter les cœurs purs ; accordez-nous par la Victime que nous vous offrons en cette solennité de la bienheureuse vierge Ténestine, de rester toujours si purs que vous daigniez demeurer éternellement dans nos âmes.

(1) *Ex quodam codice ms.* On peut lire cette hymne dans les Bollandistes, après la vie de sainte Ténestine (24 août). Elle paraît avoir été composée spécialement pour la ville du Mans. Notre sainte y est appelée *Theonefana*.

Un scrupule liturgique empêcha cet office d'être admi par la commission chargée de composer le Propre du diocèse lors du retour au rit romain. Espérons que l'exclusion tou chant le culte de notre glorieuse compatriote sera un jou moins absolue.

IX

Quant à saint Rigomer, le diocèse du Mans et de Laval célèbrent encore sa mémoire à la vraie date, c'est-à-dire au 24 août. Le Propre du diocèse de Luçon renvoie notre sain au 26 du même mois, et relate, à la IXe leçon de Matines, la translation de ses reliques à Maillezais.

Mais cette fête a été longtemps plus solennelle que de nos jours. Le bréviaire du Mans l'avait mise sous le rit double au 23 août, veille de l'incidence vraie, à cause de saint Barthé lemy. Depuis le retour au romain, les oraisons, qui étaien la partie la plus remarquable de l'office, ont été conservées avec un abrégé de la légende. Voici seulement la collecte qui terminera heureusement ce petit travail entrepris pou la gloire de Dieu et de son bienheureux serviteur.

Deus qui beati Rigomeri presbyteri exemplis et precibus Ecclesiam Cenomanensem illustrare dignatus es : concede, ut quem alumnum habuit in terris intercessorem in cœlis habere mereatur.	O Dieu, qui par les exemples et les prières du bienheureux prêtre Rigomer, avez daigné illustrer l'Église du Mans : faites qu'elle mérite d'avoir pour intercesseur dans le ciel celui qui sur la terre elle a eu pour enfant.

Le Mans. — Imp. Leguicheux-Gallienne.

www.ingramcontent.com/pod-product-compliance
Ingram Content Group UK Ltd.
Pitfield, Milton Keynes, MK11 3LW, UK
UKHW020407250726
13967UKWH00006B/2511